A aquellos que no creen que detrás de la oscuridad
pueda asomarse un destello de luz;
detrás de la agitación devenga el sosiego;
detrás del rugido se recueste el silencio;
detrás de la muerte renazca la vida.

Declaración de intenciones

Con un puñado de palabras se pueden tejer versos y trazar poemas. Pero las palabras no siempre bastan para que los versos o los poemas cobren vida. En muchas ocasiones se necesitan más que palabras; se requiere un bramido de pasión, una ráfaga de emoción contenida o sin contener, fijar los cinco sentidos en la entraña de cada vocablo y dejar que el corazón guíe cada sujeto, cada verbo y cada predicado, cada metáfora y cada adjetivo. Porque se necesitan más que palabras para que cada verso sea un estallido de turbulencias emocionales, y cada poema, una llama de amor ardiendo en el alma desahuciada de los que se sumergen en ellos buscando algo más que un manojo de palabras sin pasión ni sentido.

Palabras

A modo de prólogo inexcusable

Me fluyen las palabras
entre los dedos de las manos,
y se transforman en versos
navegando libres y sueltos
por un océano de tinta
que inunda páginas en blanco.

Arden las palabras
que de mí nacen,
y se funden en tu boca
al escribirlas en un beso
que destila el sabor a miel
que exhalan tus labios.

Me brotan las palabras
sin que yo las llame
para recordarme que vivo,
que simplemente te amo,
que sin ti el tiempo se derrite
en un puñado de suspiros.

Grito palabras a los cuatro vientos
para que alguien las escuche.
Me sobran silencios
para decir lo que deseo.
Me faltan palabras
para no callar lo que siento.

Necesito palabras
que abracen mis penas,
que aquieten mis miedos,
que acudan al rescate
de los temores que me asaltan
cuando la vida me da la espalda.

Me bebo las palabras
que emanan a borbotones
del manantial invisible
que anega mi cuerpo,
de las aguas turbulentas
que empapan mis entrañas.

Me hacen falta palabras
para construir castillos en el aire
y sembrar la tierra de nubes
que inunden de lluvia
los corazones solitarios
que de amor andan yermos.

Me pierdo entre palabras
buscando una puerta de salida
a las tristezas que me ahogan,
a las heridas que me desangran,
a las pesadillas que me desvelan
en noches intempestivas.

Se me clavan las palabras
como dagas de fuego
que me arden por dentro,
como espigas de hielo
que me congelan el alma
cuando una pasión fenece.

Me delatan las palabras,
me suplican que confiese
los pecados que cometo
sin arrepentirme de nada,
los sueños que se desvanecen
con el clarear de la mañana.

Me sofocan las palabras
que no expresan lo que siento,
las que esconden mis lamentos,
las que me desdicen en secreto,
aquellas que me traicionan
al ponerlas por escrito.

Sin palabras no me encuentro,
solo soy una voz callada
que arde en deseos de amar,
de declararme en rebeldía,
de querer transitar por la vida
con más premura que sosiego.

Alacena

En lo hondo de mi alacena
guardo un mortero de lorza
con cenefas blancas y celestes,
en el que machaco mis penas,
las que me duelen en el alma
y no encuentran remedio,
las que no se borran
ni barriendo la memoria.

En lo alto de mi alacena
luce una escudilla verde
tallada en madera de olivo,
en la que aliño esperanzas,
de esas que siempre se siembran
y de tarde en tarde se espigan,
con amores que no son míos,
pero quisiera que sí lo fueran.

En un cajón de mi alacena
asoma un canastillo dorado
trenzado con hilos de mimbre,
colmado de panes sin peces,
aguardando el milagro
que lo llene de sueños,
de los que nunca se olvidan
ni jamás se extravían.

A las puertas de mi alacena
me detengo con los ojos abiertos
buscando el mortero,
la escudilla y el canastillo,
que hoy toca machacar penas,
aliñar amores y esperanzas
y atiborrar de sueños
este corazón mío que no palpita.

Batallas

En el indómito fragor
de mis perennes batallas
blando espadas de niebla
que no derrotan ni matan,
puñales de punta roma
que no sangran ni hieren,
fusiles con balas ausentes
que disparan rosas sin espinas.

Enarbolo banderas blancas
que braman sin mordazas
que aún no ha arribado el tiempo
de atisbar la derrota,
que es menester seguir luchando
a brazo partido y corazón en ristre,
hasta que la hora de rendirse
se haga insobornable.

En mi hostil contienda
no me arrodillo ni me arrastro,
no dejo que me humillen
ni dejo avasallarme;
no traspaso fronteras ajenas
ni dejo traspasar las mías;
no alimento odios,
rencores ni venganzas.

En mi guerra desarmada
no ansío conquistar reinos
ni atesorar riquezas,
coronarme rey de los cielos,
emperador de la tierra;
solo batirme sin escudo,
a cara descubierta,
sin engaños ni caretas.

En mis batallas diarias
no derrumbo muros,
montañas ni atalayas;
no derroto a enemigos
que profieren amenazas;
no asedio castillos de arena
que se desmoronan
cuando la mar los asalta.

En mi duelo a muerte
por poner a salvo la vida
no hallo razón alguna
para renunciar a nada,
a cuanto tuve y ya no tengo,
a lo que extravié por el camino,
a aquello que un día sembré
y mañana cosecharé sin miedo.

Invisible

Me haría invisible,
que nadie pudiera
pensar lo que pienso,
mirar lo que miro,
decir lo que digo,
sentir lo que siento,
ansiar lo que ansío,
amar lo que amo.

Ser nada ni nadie,
un alma escondida
entre densos matorrales,
un nombre sin rostro,
un rostro sin nombre,
un cuerpo sin sombra
que no llora ni pena,
no daña ni lapida.

Me haría invisible,
que nadie supiera
en qué lugar vivo,
en qué tiempo existo,
de dónde provengo,
hacia adónde camino,
si vivo despierto
o muero dormido.

Ser intangible,
un sollozo estéril,
una sonrisa vana,
un puedo y no quiero,
un quiero y no puedo,
un tal vez me asome
para ver qué sucede
al otro lado del mío.

Me haría invisible,
que nadie entendiera
de qué me lamento,
de qué me aflijo,
de qué me alborozo,
en qué cielo navego,
por qué infierno transito
hasta arder en deseos.

Ser impropio de mí
en nombre propio,
de ningún padre,
hijo o espíritu,
santo o sin santificar,
incrédulo o creyente,
piadoso o impío,
real o fingido.

Soñando sueños

Soñaba que soñé lo que sueño en mis sueños,
enredado en sueños de los que no logro huir,
atravesando mares y piélagos desiertos,
páramos anegados por aguas revueltas,
manantiales zozobrando en arenas movedizas,
caminos de ida, pero sin billete de vuelta,
senderos sin origen ni destino,
altas y escarpadas cimas que no corono.
Soñé en sueños que eran un ensueño,
en los que alzaba el vuelo hasta alcanzar el cielo,
recorría paraísos que jamás había conocido,
colmaba deseos que alguna vez había soñado,
aliviaba el dolor que me fatigaba por dentro.

Al abrigo de las noches

Al abrigo de las noches
en las que dormito
imagino vidas que no tengo,
desventuras que desconozco,
trasiegos que no comprendo.

Los sueños me conducen
por caminos sin retorno
que se agrietan a mi paso
y no me dejan volver
al punto de partida.

Mi tímida mente
no acierta a impedirlo,
y mi cuerpo clama a gritos
que lo liberen las enredaderas
que trepan hasta el cielo.

En mi imaginación nocturna
invado paisajes desangelados,
tierras baldías que me marchitan,
espacios límpidos y vacíos
que vacían el mío.

Por los senderos sin gloria
que recorro de madrugada
hay montañas prendidas del aire
que no consigo escalar,
abismos que no logro fondear.

En la tupida oscuridad
que me atrapa a escondidas
no encuentro refugio
en el que esconderme
de los miedos que me persiguen.

Al rayar cada mañana,
no sé si cuanto imaginaba
era un sueño irreal
o la realidad de un sueño
del que nunca despierto.

Unos y otros

Hay quienes combaten
a brazo partido,
pero pierden justas y batallas.

Hay quienes se aquietan
en el quicio de la vida,
pero desconocen la derrota.

Hay quienes chillan
hasta resecar sus gargantas,
pero nada se escucha.

Hay quienes callan
escondidos entre silencios,
pero sus voces atruenan.

Hay quienes cicatrizan
heridas ajenas
sin suturar las propias.

Hay quienes apuñalan
desalientos de otros
sin verter una gota de sangre.

Hay quienes son alguien,
pero quieren ser nadie
para que no los señalen.

Hay quienes no son nadie,
pero quieren ser alguien
para que no los ignoren.

Hay quienes se desviven
por resucitar otras vidas,
aunque no resuciten la suya.

Hay quienes renuncian
al milagro de la existencia,
pero nunca fenecen.

Hay quienes lo dan todo,
incluso su propia alma,
a cambio de nada.

Hay quienes no dan nada,
apenas una pizca de miseria,
aunque todo lo codician.

Otras guerras

Hay guerras que son otras guerras,
guerras perdidas que nunca se ganan,
que se combaten sin armas,
pero laceran y matan.

Guerras que no se bautizan,
guerras sin edad ni nombre,
invisibles y fantasmas,
que no tienen dueño,
solo rehenes camuflados
para que nadie los vea ni oiga.

Guerras que se gritan en silencio
y se silencian a gritos,
que rugen sin voces que las acallen,
pero agrietan la tierra
hasta dejarla yerma.

Guerras que no cicatrizan,
que claman venganza y odio,
que la vida no vale nada,
ni un soplo de esperanza.

Guerras que solo pierden
los que solo las sufren,
que matan de hambre
y la miseria las desangra.

Guerras sin cuartel,
que se lidian a cielo abierto,
sin una miserable trinchera
en la que hallar refugio.

Guerras a pie de calle,
a la vuelta de la esquina,
con soldados sin uniforme
que fusilan por la espalda.

Guerras en orillas desiertas,
en las que no hay oasis
en los que suturar penas
y aquietar angustias.

Guerras que se libran en pateras,
cruzando estrechos que se ensanchan,
surcando mares revueltos
donde la vida se echa a suerte.

Guerras de náufragos a la deriva
pidiendo que alguien los rescate,
que no quieren perecer
en mitad de la nada,
sin que nadie sepa de ellos.

Guerras de exiliados sin destino,
de migrantes en travesías sin retorno,
cruzando fronteras alambradas
que les cercenan el camino;
saltando vallas con espinas
que se clavan en sus almas.

Guerras traficando con vidas rotas,
de gentes sin hoy ni mañana,
condenadas al dolor y la indolencia,
la indigencia y la desesperanza,
la fatalidad y el desgarro,
el agravio y el maltrato,
el desprecio y el abandono.

Hay guerras que son otras guerras,
que se ignoran o se desconocen,
se desdeñan o se arrinconan,
pero que no pueden olvidarse.

Maldita pesadilla

Una lluvia torrencial
cruza un cielo desnudo,
sin estrellas ni luna,
en una tarde anocheciendo.

No busca bocas que empapar
ni tierras baldías que desecar.
A su paso, solo enfanga
caminos, calles y aceras.

Un gigantesco aguacero
anega callejones y avenidas,
lugares que ya no existen
arrastrados por la corriente.

En una madrugada al raso,
hay vidas y enseres perdidos,
razones que no se entienden,
quejidos que no se escuchan.

Al despertar la mañana,
ya nada es lo que fue.
El paisaje se ha difuminado,
convertido en una maldita pesadilla.

A la sombra de un sol moribundo,
yacen sueños devastados,
cuerpos apresados entre escombros,
manos desenterrando recuerdos.

En cada esquina de cada calle
tiemblan ojos cegados de espanto,
laten corazones sin consuelo,
deambulan almas en duelo.

A la sombra de un silencio varado,
resuenan ecos de voces calladas,
llantos que no vierten lágrimas,
corazones henchidos de pena.

Una terrible tromba de agua
ha enlutado el cielo y la tierra,
secuestrando vidas que palpitaban
y ahora ya no palpitan.

No hay palabras para describir el horror.
En la levedad del aire,
solo se respira dolor,
angustia, pesadumbre, ira.

El tiempo se ha detenido
en un cementerio de lodo.
El pasado y el futuro no existen;
solo segundos que se hacen eternos.

A las víctimas de la DANA (Valencia, 2024)

La muerte acecha

La vida no vale nada
cuando la muerte acecha cerca;
apenas una brizna de polvo
en una tormenta de arena;
apenas un simple rasguño
en un corazón herido de bala;
apenas una huella
en un camino sin retorno;
apenas una lágrima seca
en un llanto que se ahoga;
apenas un atisbo de claridad
en una luz que ciega;
apenas una gota de agua
en una mar embravecida;
apenas una suave brisa
en un huracán que asola;
apenas un hilo de voz
en un aullido de espanto;
apenas un suspiro de auxilio
en una avalancha de miedos;
apenas un copo de nieve
en un alud de miserias;
apenas unos tímidos pasos
en un precipicio sin fondo;
apenas una llama
en un corazón que arde;
apenas una palabra muda
en una boca apuñalada;
apenas un halo de existencia
en una muerte segura.

Llanto

Siento la necesidad de llorar,
de verter hasta mi última lágrima
para desecar los pesares del alma
que me ahogan por dentro,
desaguar esa insufrible fatiga
que me arrastra mar adentro.

Necesito que afloren mis llantos,
para desocupar mi corazón
de pesadumbres y quebrantos.
Me urge que afloren mis sollozos
para que aneguen mis lamentos,
mis hondos pesares y mis duelos.

En cada lágrima que de mí brota
hay algún desconsuelo escondido,
un quisiera poder, pero no puedo,
que mi cuerpo está atenazado,
naufragando a merced de la corriente,
condenado a no alcanzar tierra firme.

En cada lágrima que derraman mis ojos
hay algún lamento escondido,
alguna pasión desgarrada,
una herida que no cicatriza,
un soplo de vida que se apaga,
un hilo de voz que enmudece.

Siento la necesidad de llorar,
derramar todas mis lágrimas
en un pozo sin fondo,
del que nunca puedan salir
para inundar mis adentros
de una insoportable amargura.

Enterraré todas mis lágrimas
en zanjas de caminos sin retorno
y, con ellas, mi insondable dolor,
las penas que me atormentan,
las que espolean mis sollozos
y agrietan mi desolado corazón.

Tiempo perdido

Se me escurre el tiempo
que antes acariciaba
con la punta de mis sueños
y ahora siento lejos;
el que adormecía mis noches
y alumbraba mis mañanas;
el que nada temía
y ahora tiembla de miedo.

Se me esfuma el tiempo,
el que antes era eterno
y ahora un fugaz instante,
un día sin horas,
una hora sin minutos,
un minuto sin segundos;
el tiempo que una vez fue
y de pronto dejó de ser.

Se me escapa el tiempo
como un suspiro de aire,
como una ráfaga de viento
que a su paso arrastra
pasiones y delirios,
ilusiones y promesas,
amores vehementes
que hoy yerran moribundos.

Se desvanece mi tiempo
en un abrir y cerrar de ojos,
el que aluzaba mis lágrimas
y ahora oscurece mis llantos;
el que oteaba horizontes
y ahora carece de distancias;
el que avivaba mis días
y ahora aletarga mi vida.

Se esfuma el tiempo
sin que pueda atraparlo,
el que dibujaba mis recuerdos
y ahora embarra mi memoria;
el que libaban mis labios
y ahora no sabe a nada;
el que destilaba sosiego
y ahora exhala premura.

Se diluye el tiempo,
el que volaba a corazón abierto
a cualquier lugar del universo
y ahora vuela a ras del suelo,
sin poder batir sus alas,
que un soplo de aire punzante
laceró sus plumas a medianoche
y ahora se arrastra de día.

Una parada en el camino

La vida se me está haciendo larga,
más larga de lo que hube imaginado
cuando me coloqué en el punto de partida.
Quizá, sin apenas darme cuenta,
haya recorrido ya cuanto debí recorrer:
los caminos por los que debí transitar,
los senderos que tuve que sortear;
los laberintos en los que perdido me hallé;
los paraísos de cartón piedra
que se desvanecían al clarear el día;
los desiertos por los que hube de errar,
solo, desamparado y sediento,
llevando conmigo ese dolor insufrible
que no dejaba de crecer y crecer.

Ya he caminado con pies de barro,
descalzo, desnudo y encadenado,
por lodazales y arenas movedizas
que amenazaban con devorarme,
con engullir mi cuerpo y mi alma
y robarme mis cinco sentidos;
por callejones angostos sin salida;
calles vacías sin sentido alguno;
oscuros pasadizos cuesta arriba
en los que nada ni nadie existía;
espacios desolados e inhóspitos
con dirección a ninguna parte,
que parecían no terminar nunca.
Viajes de ida, pero sin vuelta.

¡Qué larga se me está haciendo la vida!
Tal vez sea ya hora de detenerme,
apartarme a un lado del camino
y no seguir huyendo hacia adelante,
que allá en la lejanía no veo nada:
ni horizontes, ni paisajes sin fronteras,
senderos, veredas o desiertos,
arenas movedizas desafiándome,
callejones estrechos y malolientes
por los que deambular a rastras
con mi hiriente dolor a cuestas.
Quizá todos ellos atrás los haya dejado,
pero no valga ya la pena seguir caminando,
arrastrándome para arribar a ninguna parte.

Perdido

Qué fatigoso me resulta a veces
estar perdido en la nada,
creer que nada está perdido;
andar perdido por la vida,
aunque la vida no esté perdida.
Perdido en cualquier camino
por el que no camino perdido.
Si alguna vez pudiera,
intentaría no perder el tiempo;
aquel que di por perdido.
Prometo no volver a perderlo,
perdido como inútilmente ando,
tratando de no perderme.

En tiempos...

En tiempos de templanza...
se desvelan secretos,
se confiesan pecados
que eran inconfesables,
se declaran a la cara
razones que uno piensa.

En tiempos de desmesura...
hay secretos insondables,
se cometen pecados
que nunca se confiesan,
se apuñala por la espalda
arguyendo sinrazones.

En tiempos de quietud...
se condonan deudas,
se perdonan ofensas,
se disipan dudas,
las mentiras avergüenzan,
la verdad, siempre por delante.

En tiempos de inquietud...
se contraen deudas,
se toleran ofensas
a ideas inofensivas,
las verdades se escoden
en un fajo de mentiras.

En tiempos de sosiego...
se tejen sueños
efímeros y eternos
con hilos de seda,
se dibujan horizontes
con pinceles de raso.

En tiempos de desasosiego...
se trenzan pesadillas
matutinas y nocturnas
con sogas de esparto,
se levantan fronteras
coronadas de espinas.

En tiempos de placidez...
se doman tempestades
que trotan salvajes
por un valle de lágrimas
que amargamente llora
penas que se desangran.

En tiempos de agitación...
se desatan tempestades
que arrasan valles,
dejando huellas de sangre
que ya no se borran
por los siglos de los siglos.

En tiempos de tregua...
se enarbolan banderas blancas
que acallan guerras,
se restañan llagas,
florecen esperanzas
que estaban marchitas.

En tiempos hostiles...
se declaran guerras sin tregua,
batallas a brazo partido
que dejan vidas marchitas,
esperanzas rotas en mil pedazos,
heridas profundas y dolientes.

En tiempos de esplendor...
renacen almas extraviadas,
regresan los exiliados
que perdieron su patria,
se cosechan anhelos
sembrados en tierras fértiles.

En tiempos de penuria...
hay bocas heridas de hambre,
almas deambulando solas
en busca de cualquier patria
que les devuelva la existencia
que les robó la miseria.

Sentir

Siento como mío
el dolor de los surcos
que hienden sus frentes,
atraviesan sus almas,
sus miradas abatidas,
sus voces acalladas,
sus esperanzas rotas,
sus vidas sesgadas.

Siento como mía
la honda agonía
de sus corazones oprimidos,
sus hogares derruidos,
sus deseos quebrados,
sus odiseas sin rumbo
traspasando fronteras
de alambres con espinas.

Siento como mío
su éxodo a cualquier parte
huyendo de holocaustos,
batallas sin sentido,
guerras sin cuartel,
cruzadas fútiles
que solo engendran
rencores letales.

Siento como mía
la tristeza que los ahoga,
la amargura que los derrumba,
la agonía que los atenaza,
el presente que los detiene
hurtándoles el futuro,
sus sueños extraviados
en aguas turbulentas.

Siento como mía
su rabia condenada
a navegar mar adentro
en barcos de papel
que mendigan salvavidas,
un soplo de viento
que los lleve a tierra firme
para sembrar su semilla.

Siento como míos
los áridos desiertos
por los que han de penar
camino del destierro,
allí donde nada tienen
ni nada esperan,
apenas unas migajas de caridad
para lavar conciencias.

Siento como mío
el hedor de la miseria
que sin pudor los exilia
a tierras que desconocen,
con sus manos vacías
y sus bocas sedientas,
abandonados a una suerte
que ni siquiera es suya.

Siento como mío
el atroz sufrimiento
que los atormenta,
la insoportable levedad
del ser que anidan dentro,
la penuria que los obliga
a abjurar de su memoria,
de un tiempo que ya no existe.

A los migrantes en busca de una vida digna

Adiós

Dejadme marchar
cuando haya de irme;
no queráis detenerme
a la hora que deba partir
rumbo a no sé adónde,
si al paraíso o al infierno.

Os dejaré mi alma desnuda,
el delirio de mis versos,
mi amor y mis locuras
en un rincón de vuestra memoria,
para que podáis sentirme
sin tener que palparme.

No hará falta decir adiós
ni un hasta nunca;
tan solo un hasta siempre,
hasta que mi recuerdo perviva
sin sollozos ni lamentos
en vuestra diáfana nostalgia.

En mi despedida
no derraméis lágrimas,
no vertáis dolor ni amargura,
penas que no suturan,
quebrantos que no fenecen,
desconsuelos que no templan.

No penéis mi ausencia
ni avivéis duelos vanos;
solo habrá sido un largo viaje
sin destino ni retorno,
colmado de fatigas que esquivar
y desencantos que atemperar.

No aguardéis mi regreso
al despuntar cada mañana
o al retoñar cada noche.
Os bastará evocar mi sonrisa
cuando sentía que la felicidad
solo la hallaba en vosotros.

Vida eterna

No aguardaré tu llegada.
Antes me habré ido a cualquier parte,
a un lugar donde no me encuentres
para decirme que se acabó el tiempo,
que mi vida ya no me pertenece.

Cuando tú estés, yo no estaré.
Tu venida habrá sido en vano;
no quiero que nadie decida por mí,
que me diga que algo empieza
o algo finalmente termina.

No quiero traidores como tú,
que acuchillan por la espalda
sin atreverse a dar la cara,
que esconden sus condenas
tras un puñal de hoja afilada.

Si alguna vez te encuentro,
te miraré de frente,
para que sepas que no me das miedo,
que si arribo al final del camino
será porque yo quiera.

No me arrastraré por tu corriente
ni soportaré tus mentiras,
esas que hieren con verdades a medias,
las que dejan huellas imborrables
grabadas a sangre y fuego.

Si buscas aliviar pasiones baldías,
dar esperanzas a los que nada esperan,
no te acerques a mí,
que yo no quiero morir,
sino hacer eterna mi vida.

En el laberinto de mi mente

En el laberinto de mi mente
hay veredas que se bifurcan,
muros de niebla que no se disipan,
sueños disfrazados de pesadillas,
razones que no entiendo,
mentiras que no sospecho,
aquella existencia que tuve
vagando como alma en pena,
aquella pena en el alma
que hubo de aliviar otra vida,
vientos que azotan mi memoria
cuando mi cuerpo ardía en llamas
y nadie acudía a extinguirlo,
recuerdos que se derrumban
como castillos de humo.

En el laberinto de mi mente
hay senderos sin salida
y caminos sin llegada,
duelos a muerte con la vida
que no suturan heridas,
viajes a ninguna parte
sin derecho a retorno,
tormentas que no amainan,
diluvios que solo anegan,
páramos áridos y salvajes
en los que no crece la hierba,
ráfagas de palabras
que desecan mi garganta
cuando no saben lo que dicen,
lo que farfullan a escondidas.

En el laberinto de mi mente
hay dudas que no resuelvo,
preguntas que no respondo,
espejos en los que no me reflejo,
miedos que me atenazan,
confines que no alcanzo
con el vértice de mis dedos,
cumbres que no corono
ni cimas que entronizo,
fronteras que no traspaso,
rellanos en los que reposa
la fatiga que me arrambla,
precipicios a los que me asomo
porque el vértigo me agosta
cuando doy un paso al frente.

En el laberinto de mi mente
hay velas que se encienden
cuando la oscuridad acecha
y difuminan sombras
para alumbrar el camino
por el que transito a ciegas,
nubarrones que se esfuman
cuando la noche duerme,
tenues destellos de vida
cuando la mañana despierta
a una hora temprana,
que el día es un relato corto
y conviene escribirlo
con letras de fuego
antes de que la tarde se recueste.

No echo en falta

No echo en falta
el tiempo perdido,
perdido en un tiempo
que nunca vino.

No echo en falta
las horas muertas,
muerto a deshoras
temblando de miedo.

No echo en falta
el paso del tiempo,
pasar a destiempo
del todo a la nada.

No echo en falta
los segundos sin sentido,
sentir que en un segundo
el mundo se acaba.

No echo en falta
vivir a cada instante,
en un solo instante
sentir que ya no existo.

No echo en falta
deambular de día,
pernoctar a solas
en una noche vacía.

No echo en falta
que la eternidad no exista,
que la vida no sea eterna
en solo cinco minutos.

No echo en falta
que algo me falte
sofocado en ausencias
que desatan nostalgias.

Noche cerrada de invierno

Noche cerrada de invierno
cobijada bajo un manto de cirros
que sollozan lágrimas de hielo
que se derriten como suspiros de nieve.

Luz pálida de luna
tiritando de dolor y de miedo
en la atalaya del firmamento,
donde solo hay destellos invisibles.

Pasiones extraviadas y ciegas
buscando miradas cristalinas
que iluminen su lóbrego camino
por el que deben seguir discurriendo.

Corazones ateridos
asidos a una miaja de lumbre,
hasta poder arder por dentro
como si fueran de fuego.

Labios lívidos y yertos
que ya no sonríen,
que buscan desesperados
besos que los abriguen.

Luces de horas apagadas,
atrincheradas en sombras gélidas,
que yacen de madrugada
y retoñan al alba.

Noche abierta de primavera

En las plácidas noches de primavera
las pasiones se rebelan
y los besos se declaran culpables
de saciar besos sedientos.

Bajo un halo de estrellas en celo,
enardecen los corazones
buscando amores perdidos
que no tienen dueño.

En las fértiles noches de primavera
se canjean pesadillas por sueños,
desganas por deseos ardientes,
desalientos por esperanzas.

A la luz incandescente
de una luna gozosa y llena
florecen girasoles que madrugan,
cariños enviados con remitente.

En las templadas noches de primavera
se sosiegan los sobresaltos
y se agitan las emociones
como arrebatos recién paridos.

En las noches abiertas de primavera
se escuchan cantos de sirena,
recuerdos olvidados
que regresan de su destierro.

Con el discurrir del tiempo

Con el discurrir del tiempo,
se olvidan recuerdos,
se recuerdan olvidos;
se desama lo amado,
se ama lo desamado;
se desarman pasiones,
se apasionan los desarmados;
se hieren cicatrices,
se cicatrizan heridas;
se adormecen sueños,
se sueña despierto.

Con el discurrir del tiempo,
se sollozan ausencias,
se ausentan sollozos;
se vengan perdones,
se perdonan venganzas;
se silencian voces,
se vocean silencios;
se fustigan pecados,
se peca fustigando;
se omiten añoranzas,
se añoran omisiones.

Con el discurrir del tiempo,
se incumplen promesas,
se cumple lo prometido;
se ensombrecen luces,
se alumbran tinieblas;
se quiebran suspiros,
se suspiran requiebros;
se entierran verdades,
se destierran mentiras;
se desatan tristezas,
se anudan alegrías.

Con el discurrir del tiempo,
se vacían esperanzas,
se alivian desesperanzas;
se acortan distancias,
se atisban horizontes;
se alientan miedos,
se suturan temores;
se desea que ardan,
se arde en deseos;
se vive sin sentido,
se siente la vida.

Llega la noche

Se recuesta dulcemente la tarde
entre bambalinas de estrellas
y una hermosa luna asomada a escondidas,
esperando dar algo de luz a la noche
que entre sombras se avecina.
Se desperezan los sueños,
aguardando ser soñados
antes de que se disfracen de pesadillas.
Tiritan las luces vespertinas
antes de que la noche las acalle,
antes de que la noche se descuelgue
de las entrañas del cielo
y las silencie con un soplido de brisa.
Va cayendo lentamente la tarde,
dejando allá a lo lejos
un rastro de luces ardiendo,
y resucita la noche en los brazos del ocaso
hasta teñir de negro el cielo que la cubre.

Pasiones

Hay pasiones que silencio,
que solo voceo escribiendo,
porque no salen de mi mente,
sino de ese corazón mío
que inhala palabras
y exhala miles de versos.

Poeta

No relleno páginas en blanco
con un puñado de palabras
descabalgadas y sin argumento.
Relleno con un ramillete de versos
las urgencias que mi alma clama.
No escribo por aquello de escribir
sobre cosas que no requiero.
Escribo porque necesito escribir
sobre aquello que mi corazón
sin falta necesita que escriba.
No entiendo de poemas vacíos
que nada confiesan de cuanto se siente.
Confieso que ejerzo de poeta
porque me urge confesar lo que siento.
En mi urgente acto de confesión
válgome de versos creyéndose prosas,
de prosas soñando con ser versos.
No hallo límites ni distancias
para revelar qué amo o qué desamo,
qué quiero o qué no quiero,
qué olvido o qué recuerdo,
qué lamento o qué celebro,
qué me regocija o qué me daña,
qué consiento o qué desdeño;
revelar que he hallado la felicidad plena
o que solo la he hallado a medias,
que a veces río o de tarde en tarde lloro,
que vivo para vivir o fenezco en vida.
No ejerzo de hacedor de versos
para decir algo que no haya de decir.

Me erijo en aprendiz de poeta
para desvelar mis sentimientos
al dictado de mi conciencia,
al viento vocear las emociones
que me abrasan por dentro.
No, no relleno páginas vacías
con un fardo de palabras
que se esfuman sin decir nada
con un simple soplo de aire.
Con un alarido de versos
relleno los ardientes clamores
que resuenan con estruendo
en lo más profundo de mi alma.

Ausencia

Te echo de menos
cuando faltas,
cuando estás ausente
en la proximidad
o en la lejanía,
allí donde no te encuentro.

Te echo de menos
en la separación,
cercana o remota,
cuando un instante solo
se hace una eternidad
que no logro detener.

Te echo de menos
cuando no te puedo rozar,
sentir que estás ahí
formando parte de mí,
como sin ti nada existiera,
nada sería ni nada fuera.

Te echo de menos
en tus segundos de exilio,
en tus momentos de destierro,
cuando el tiempo discurre
sin apenas discurrir,
como si la vida toda se detuviera.

Dame

Dame una palabra y una pasión,
y las devolveré envueltas
en un ramillete de versos
que borren amores caducados,
sanen llagas que aún se desangran
y atemperen pesadillas diurnas.

Dame una sola razón para no amar,
y deshojaré los poemas que escribí
hasta desentrañar en su profunda oquedad
versos anónimos que lo desmientan,
que chillen a los cuatro vientos
que nunca jamás dejé de amar.

Dame una ráfaga de silencio,
y le pondré voz en forma de versos
para escudriñar penas y desencuentros,
la insondable metáfora de la vida,
la poesía que late acompasada
en el paisaje interior que nos acecha.

Dame apenas un instante,
y lo acunaré en un poema eterno,
sin medida ni distancia,
que sofoque alaridos de dolor,
tristes lamentos desoídos,
desgarros temblando de pavor.

Vida a medias

Dejé de vivir una vida a medias
para vivir una completa,
esa que tú me diste un día
sin que yo te la pidiera,
sintiendo como sentía
que la cobardía me abrasaba
por fuera y por dentro,
sin arrojo para sofocarla.

Una vida sin rasguños,
sin llagas ni fisuras,
sin amarguras ni quebrantos,
sin mentiras ni secretos,
con el alma erguida
y el corazón ardiendo,
con los labios emanando besos
y los silencios en voz alta.

Una vida que colmaba la mía,
su desconsolado vacío
con un amor desmedido
que todo lo llenaba,
que rebosaba ardor y pasión
por los cinco sentidos,
por los infinitos poros
que recorrían mi piel.

Podría

Podría gritar un poema
que retumbara allá a lo lejos,
en los confines del tiempo;
vocear versos perpetuos
sin medida ni distancia.

Podría otear una estrella,
alcanzarla con la mano,
guardarla en el corazón
y suspirar con ella
cada noche de luna llena.

Podría seguir la estela de un río
que serpentea su cuerpo
jugando a trazar laberintos,
a confundir caminos,
hasta hallar su mar amada.

Podría arrancar la raíz del viento,
compañero de olvidos,
nostalgias y recuerdos,
que en cada soplo de aire
traspasa edades y siglos.

Podría detener tormentas
posado en nubes de azúcar
que traslucen anhelos,
un te deseo dulces sueños,
un te quiero sin recelos.

Podría inundar valles
con lágrimas de hielo y fuego,
lágrimas que vierte el alma
cuando una pasión sucumbe
en brazos de un amor ciego.

Podría trazar tu cuerpo,
ardiente y sereno,
como un remanso de lava
acurrucado a los pies
de un volcán apagado.

Podría comprender mi vida,
desentrañar la tuya,
amarte hasta que me amaras.
Podría tanto y tanto…,
pero no puedo.

A tu lado

Te comeré a versos,
cuando estés a mi lado,
y en el umbral de tu cuerpo
te tatuaré un poema
que rece te amo.
Nada más, solo eso,
sin más palabras de por medio.
Me basta una brizna de silencio
para decirte que te quiero,
que mi vida sin ti es un abismo
al que miedo me da asomarme.

Tu cuerpo

Recorrí a ciegas la silueta de tu cuerpo,
en la húmeda y ardiente desnudez
de una febril tarde de primavera,
de una fogosa alborada de otoño.
Fondeado en su mar embravecida,
dulcemente lo acaricié a tientas,
palmo a palmo, beso a beso.
En su insondable laberinto
busqué la entrada entornada
que conducía directo a tu oasis.
Nos cruzamos miradas cómplices,
atisbos de amor, pasión y deseo,
y te arrullé entre mis manos,
tímidamente trémulas.
Hallé refugio en el sosiego de tus pechos
y me adentré por los recovecos de tu sexo,
entre gemidos, suspiros y silencios,
para sembrar una simiente de vida
en el fértil vergel de tu vientre.

Cualquiera de los días en los que concebimos a
nuestros dos hijos

Cara a cara

¿Me odias o me amas?

¿Qué te hace dudar?

El gemido profundo de tus ojos
cuando me miran.

¿Tan solo eso?

El silencio de tus labios
cuando me besas.

¿Acaso no hay amor
en el llanto y en el silencio?

Un amor mudo que nada siente,
que solloza cuando ya no ama.

¿Y si te equivocas?

¿En odiarme o en amarme?

¿Crees de verdad que podría odiarte?

Respóndeme tú,
que a mí no me quedan palabras.

¿No será que te amo,
y apenas te das cuenta?

Si me amaras,
sentiría el arrebato de tu amor
correr por mis venas.

¿Y si te odiara?

Latir tu corazón,
impávido y descompasado.

¿Y ahora qué sientes?

Vacío, tan solo eso.

¿De amor o de odio?

Del amor que un día me diste
y ya no encuentro.

¿Y crees que eso es odio?

¿Qué puede ser si no?

Te equivocas,
si crees que es odio
lo que por ti siento.

Mírame entonces
como antes me mirabas.

Nunca he dejado de mirarte
como querías que te mirase.

¿Y cómo querías tú?

Como mi alma me susurraba.

¿Y ahora qué te susurra?

Que entre el amor y el odio
solo hay una frágil frontera.

¿Acaso la conoces?

Cómo no saber
que una simple sonrisa
desnuda un desmedido te quiero.

¿Una sonrisa?

Y una tersa caricia…
y un sencillo beso.

Sonríeme entonces.
y acaríciame…,
y bésame…

Será que tu corazón no ve
lo que te dicen mis manos y mi boca.

Será que nos amamos
sin saberlo.

Será que nos callamos
cuando deberíamos decirnos te amo.

Si condicional

Si estás ahí,
me adhiero a ti.

Si te vas,
te busco y te encuentro.

Si regresas,
aquí estaré.

Si sufres en silencio,
sufro a gritos contigo.

Si lloras,
me empapo en tus lágrimas.

Si sonríes,
me alivias.

Si dudas,
me revuelvo.

Si me amas,
te amo.

Si desamas,
te seguiré amando.

Si vives,
resucito.

Si mueres,
fenezco.

Diálogo entre tú y yo

Huyamos juntos.

¿Adónde?

Adonde no exista el tiempo,
y cada instante sea eterno.

¿Para qué?

Para que el destino no nos traicione.

¿Por qué habría de hacerlo?

Porque nuestras vidas están en sus manos.

¿Para qué huir,
si sabes que mi vida es tuya,
y la tuya siempre será mía?

¿Y si ese siempre mañana fuese nunca?

¿Por qué dices eso?

Porque me desgarra pensar
que alguna vez dejara de tenerte.

¿Acaso no me tienes?
¿Acaso dejarás de ser mío?

¿Y si nuestro amor desertara?

Alerta estaría para volver a apresarlo.

¿Quién puede prometernos
que no se fugará sin darnos cuenta?

Yo misma te lo prometo.

A veces las promesas se desvanecen
como palabras de humo.

¿Tan poca fe tienes en nosotros?

La fe me desborda,
pero necesito colmar mi esperanza.

No pongas en duda
que dejemos de querernos.

Eso quiero, pero no puedo.

¿No será un puedo, pero no quiero?

Solo es un quiero querer
hasta que mi vida se detenga.

Hasta ese día te querré
como nunca he querido.

Huyamos entonces,
para que el desamor no nos dañe.

¿Quieres que nos escapemos
sin saber adónde arribaremos?

A tu lado, cualquier lugar
es un paraíso eterno.

¿Y si nos perdemos
en una encrucijada de caminos?

Si estás conmigo,
será imposible perdernos.

¿Para qué huir entonces?

Para ser libres.

¿Es que no lo somos?

Solo si me sentencias
a que jamás deje de amarte.

Te condeno a amarnos
una eternidad y un día.

Ahora me siento libre,
aunque el miedo aún me atenace.

Tu cadena perpetua
hará que tus miedos fenezcan.

Encarcélame en la celda
que encierran tus brazos.

Y arroparé con mis besos
tus horas de noche en vela.

Lograré que el tiempo se detenga
en la tersura de tu cuerpo.

Haremos que el destino sea nuestro
y huir no valga la pena.

Poema ausente

Cuando el tiempo me apremie a irme,
me aprestaré a dejar una silla vacía
y, entre sombras, un poema ausente,
escrito con miles de versos invisibles,
para que nadie sepa qué dejo escrito,
qué he querido llevarme conmigo,
qué necesito contar que no cuento,
qué debería decir, pero no digo.

Poema en blanco

Te dejo esta página en blanco
para que tejas con versos
el poema que te duele en el alma,
y luego lo recuestes en ella
para que duerma un sueño eterno.

¿Quién soy?

A modo de colofón necesario

Todavía no he logrado saber
si soy tan solo una palabra
que aún no ha sido escrita;
si soy una simple palabra
que no ha terminado de escribirse;
si soy mucho más que una palabra,
una infinidad de palabras;
si no soy más que una palabra
que jamás será escrita.

ÍNDICE